REGLEMENT POVR LA LEVEE

DES TAILLES ET

Subsistance de l'année 1643.

A PARIS,

Par PIERRE ROCOLET, Impr. &
Libraire ordinaire du Roy, au Palais,
aux Armes du Roy, & de la Ville.

M. DC. XLII.

Auec Priuilege de sa Majesté.

LE ROY s'eſtant fait repreſenter en ſon Conſeil l'Arreſt d'iceluy, portant Reglement ſur le faict de la leuée & Impoſition des Tailles de l'année preſente mil ſix cens quarante-deux, datté du vingt-ſeptieſme Nouembre dernier, l'inſtruction arreſtée audit Conſeil le neufuiéme Avril auſſi dernier, ſur l'Impoſition tant de la Subſiſtance des trouppes pendant le quartier d'Hyuer prochain, que des Tailles de l'année prochaine mil ſix cens quarante-trois, enuoyée aux Intendans de Iuſtice eſtans és Generalitez de ce Royaume, les aduis deſdits Intendans & de pluſieurs autres notables Perſonnages eſtans dans les Prouinces: Et voulant ſuiuant iceux apporter tout le ſoulagement poſſible aux contribuables, les deſcharger des grands frais & exactions qui ſe commettent à la leuée des deniers, en les faiſant impoſer & leuer par les voyes les plus douces, & le moins à la foulle des peuples, en attendant que ſa Majeſté puiſſe (comme elle eſpere & ſouhaitte tres-ardamment) diminüer & deſcharger la plus grande partie deſdites Impoſitions auſſi-toſt qu'il aura pleu à Dieu luy donner la Paix ; à quoy ſa Majeſté trauaille

incessamment, & y porte tous ses soins, & tous ses
vœux.

I.

SADITE MAJESTE' estant en son Conseil a
ordonné & ordonne, que pour l'Imposition des deniers
de la Subsistance des trouppes pendant le prochain
quartier d'Hyuer, & des Tailles, Taillon, & Creües y
jointes, de l'année prochaine 1643. il sera fait & expedié
deux Commissions ; l'vne pour ladite Subsistance, &
l'autre pour la Taille, Taillon, & Creüe y jointes, qui
seront adressées aux Intendans de Iustice, Presidens &
Tresoriers de France de chacune Generalité conjointement, ensemble à ceux des Presidens & Esleus des
Eslections qui seront nommez & Commis par lesdits
Intendans en chacune Eslection, pour ladite imposition,
assiette & département.

II.

LESQVELLES Commissions seront portées aux
Bureaux des Finances, où l'Intendant de la Iustice de la
Generalité se trouuera, presidera & y aura la premiere
scéance, pour en sa presence faire expedier sur lesdites
Commissions les attaches & Ordonnances necessaires
desdits Bureaux, & incontinent les remettre és mains
dudit Intendant auec lesdites attaches, pour par ledit
Intendant se transporter és Eslections dépendantes de
la Generalité, auec celuy des Tresoriers de France qui
aura esté Commis & Delegué du Bureau : Et trois au
plus des Presidens & Esleus desdites Eslections qui seront

font nommez & choiſis par ledit Intendant, appellé le
Procureur de ſa Majeſté, & le Receueur des Tailles, auec
le Greffier de l'Eſlection, proceder à l'aſſiette & département deſdits deniers de ladite Subſiſtance & des Tailles, conjoinctement & à meſme temps, ſur les Villes,
Bourgs & Parroiſſes taillables, auec l'eſgalité requiſe:
Et à cét effet prendront cognoiſſance & s'informeront
ſommairement de la force & puiſſance ou impuiſſance
deſdites Parroiſſes, pour les cottiſer ſelon les facultez d'i-
celles, ſans aucune exception.

III.

E T affin qu'il ne ſoit apporté aucun retardement
auſdites impoſitions, ordonne ſa Majeſté auſdits Preſi-
dens & Treſoriers de France de chacun Bureau, de s'aſ-
ſembler eſdits Bureaux auſſi-toſt la deſpeſche deſdits
Commiſſions receüe, auec ledit Intendant de Iuſtice,
& ſans aucune remiſe, nommer & deleguer vn d'entre
eux pour chacune Eſlection dependante de leur Generalité: Pour au jour qui ſera pris & conuenu auec ledit
Intendant, ſe trouuer en la Ville & Siege de l'Eſlection,
& y proceder auec les Officiers d'icelle Eſlection qui auront eſté nommez & choiſis par ledit Intendant, à l'aſſiette & département des deniers deſdites Subſiſtances
du prochain quartier d'Hyuer, & des Tailles, Taillon,
& Creües de la prochaine année 1643. auec l'eſgalité,
& en conſcience: Et à cét effet ſeront les attaches &
Ordonnances deſdits Bureaux ſur leſdites Commiſſions
expediées & deliurées au meſme temps audit Intendāt,

lequel ordonnera & assignera auec lesdits Tresoriers de
France les temps & les jours que luy Intendant se pourra treuuer és Villes de chacun Siege desdites Eslections, affin que celuy desdits Tresoriers de France qui aura esté nommé & Delegué pour ladite Eslection, se rende au jour assigné & prefix en ladite Ville, pour proceder conjointement auec ledit Intendant ausdites Impositions, appellé lesdits Officiers de l'Eslection nommez, soit au Bureau de l'Eslection, ou en l'Hostel dudit Intendant: Pourront lesdits Tresoriers de France pour accellerer lesdites impositions, si bon leur semble Deleguer vn de leurs Confreres pour vne ou plusieurs Eslections.

IIII.

E T où les Tresoriers de France feroient difficulté de souffrir la presidence & séance libre en leurs Bureaux ausdits Intendans, d'expedier leurs attaches sur lesdites Commissions, & Deleguer leurs Confreres és Eslectiós, pour proceder auec lesdits Intendans & Officiers des Eslections par eux nommez aux assiettes & départemét: au premier refus ou delay, lesdits Intendans expedieront seuls leurs Ordonnances sur lesdites Commissions, les feront signer à leurs Greffiers, & les enuoyeront auec lesdites Commissions aux Officiers des Eslections, par eux nommez & Commis, & leur assigneront par lesdites Ordonnances le jour qu'ils se rendront à la Ville de l'Eslection, pour auec eux (sans Tresoriers de France) proceder ausdites assiettes & départemens: Comme aussi si és Eslections aucuns desdits Officiers ne se trouuent aux jours, lieux & heures qui leurs seront assignées par lesdits Intendans, pour proceder ausdites assiettes & départemens, lesdits Intendans nommeront & choisiront au lieu des deffaillans tels autres Officiers ou notables des Villes qu'ils aduiseront : Et sur les départemens qui seront par eux faits, feront expedier & enuoyer les Commissions és Parroisses : Pour la confection desquels départemens & Commissions, lesdits Intendans & Officiers se feront representer & déliurer par les Greffiers des Ellections, ou autres Officiers d'icelles, les départemens des années precedentes, & mesmes les roolles des Parroisses (si besoin est) & autres expeditions qu'ils auront en leurs mains ; à quoy ils seront contraints par les voyes accoustumées pour les affaires de sa Majesté : Et leur seront remis lesdits départemens, roolles & assiettes, apres la confection desdites assiettes & départemens de l'année prochaine faite.

V.

LES assiettes & départemens faits en la forme cy-dessus, seront mis és mains du Greffier de l'Ellection, lequel fera expedier incessamment les Cómissions pour enuoyer és Parroisses ; & seront intitulées des noms de l'Intendant du Tresorier de France, & des Officiers de l'Ellection nommez, qui auront assisté ausdites assiettes & départements : Et ne sera expedié par lesdits Greffiers qu'vne Commission pour vne Parroisse, laquelle contiendra ce qu'elle doit porter, tant de la Subsistance, que de la Taille, Taillon, & Creuës, par articles separez ; A

SÇAVOIR , tant pour la Subſiſtance du prochain quartier d'Hyuer , tant pour la Taille & Creuës y jointes de
l'année prochaine 1643. & tant pour le Taillon & ſolde:
Tous leſquels deniers ſeront payables en cinq termes
eſgaux,eſchéans les 15.Nouemb. prochain,15. Ianvier,15.
Avril, 15.Iuillet, & 15.Oct.de l'année prochaine 1643.

VI.

ET pour les Villes franches & abonnées, taxées par
les Commiſſions de ſa Majeſté ,pour la Subſiſtance ſeu-
lement:Les Commiſſions particulieres ſeront enuoyées
par leſdits Intendant & Treſoriers de France, Commis
& Deleguez en l'Eſlection ,au reſſort de laquelle ſeront
ſcituées leſdites Villes franches ou abonnées , aux Maire
& Eſcheuins d'icelles,comme il a eſté fait és années precedentes ; pour en eſtre les deniers payez és mains du
meſme Receueur ou Commis de l'Eſlection, en trois
termes, comme és années precedentes , à ſçauoir les 15.
Nouembre prochain , 15.Ianvier , & 15 Mars enſui-
uans : Et au payement des ſommes auſquelles leſdites Villes ſeront taxées , ſeront les Maire & Eſcheuins
contraints par les voyes accouſtumées pour les deniers
& affaires de ſa Majeſté; Et cognoiſtront leſdits Intendans & Treſoriers de France, ſeuls des oppoſitions &
differends qui naiſtront en execution deſdites Commiſſions, pour le faict deſdites Subſiſtances deſdites Villes
franches.

VII.

LESDITS Intendans , Treſoriers de France, &
Officiers

Officiers, taxeront & cottiseront d'Office les Officiers
& Priuilegiez, dont les exemptions ont esté reuoquées
par l'Edict du mois de Nouembre 1640. & en feront vn
roolle ou estat, qui sera mis és mains du Receueur ou
Commis à la recepte des deniers desdites impositions,
pour en faire le recouurement : comme aussi taxeront &
cottiseront d'Office procedant ausdites assiettes & départemens, ceux des habitans des Parroisses les plus puissans, qui par leur authorité, ou en intimidans les autres,
se sont cy-deuant fait exempter, ou fait mettre à des taux
fort modiques, eu esgard à leurs facultez ; mesmes taxeront & cottiseront les fermiers des Gentils-hommes &
Seigneurs des Parroisses, lesquels jusques à present n'ont
que peu ou point porté desdites impositions, par l'authorité de leurs Maistres, qui les en ont exemptez : Et
seront lesdits Fermiers & Puissans des Parroisses taxez,
non seulement eu esgard à leurs puissances & facultez,
mais eu esgard à ce qu'ils n'ont porté ce qu'ils deuoient
les années precedentes : le tout à la décharge des pauures,
& afin qu'ils en reçoiuent quelque soulagement, suiuant
l'intention de sa Majesté : Et seront les taux desdits Puissans & Fermiers, compris & mentionnez és Commissions des Parroisses, par lesquelles sera dit apres la som-
me y contenuë, de laquelle vn tel habitant ou fermier
portera tant : Et où aucuns des Officiers Priuilegiez,
Puissans des Parroisses, Fermiers, & autres qui se trouueront taxez par lesdits Cómissaires, soit par leurs Commissions, ou par leurs estats particuliers, n'auroient esté

C

par lefdites Commiffions & eftats cottifez aux fommes
qu'ils peuuent porter, eu efgard à leurs moyens, facultez, commerce & trafic, les Afféeurs & Collecteurs, &
Habitans des Parroiffes où ils font domiciliez, les pourront augmenter, en faifant les roolles, dans lefquels ladite augmentation fera comprife: Et fera ladite augmen-
tatió payée par lefdits taxez & cottifez aux Collecteurs,
aux mefmes termes, & par les mefmes voyes des autres
contribuables, & la premiere taxe faite par lefdits Com-
miffaires, ainfi qu'il aura efté par eux ordonné par lefdites Commiffions ou eftats.

VIII.

LES roolles qui feront faits par les Afféeurs & Collecteurs des Parroiffes en confequence defdites Commiffions, feront veriffiez par les Officiers qui auront af-
fifté aux départemens, & non par autres: Et cognoi-
ftront auffi lefdits Officiers feuls des oppofitions en fur-
taux, qui ferót formées fur lefdits roolles: en interdifant
fa Majefté, la cognoiffance aux autres Officiers des Eflections, & à tous autres Iuges; aufquels Officiers des
Eflections, & tous autres, fadite Majefté fait tres-expreffes deffences d'apporter aucun trouble ny empefchemét,
directement ou indirectement, à l'execution defdites
Commiffions, & du prefent Arreft; à peine de fuppref-
fion & perte de leurs Charges: fe referuant fa Majefté,
d'employer lefdits Officiers les vns apres les autres, chacune année.   IX.

EN cas que les habitans des Parroiffes n'ayent nóm-

mé & esleu des Asséeurs & Collecteurs auant la récep-
tion des Commissions susdites ; sa Majesté leur enjoint
tres-expressément d'en nommer & eslire de bons & sol-
uables, dans huit jours pour tous delais, apres l'enuoy
desdites Commissions pour la recepte & collecte des deniers, tant de ladite Subsistance, que des Tailles, Taillon,
& autres impositions : Et si ceux qui seront nommez &
esleus pretendent estre deschargez, ils se retireront pardeuers lesdits Intendans, Tresoriers de France, & Officiers, qui auront assisté ausdits départemens, & desnom-
mez esdites Commissions : Et en l'absence desdits Intendans & Tresoriers de France, pardeuant lesdits Officiers seuls, lesquels serót tenus sur le cháp de prononcer
sur lesdites descharges : Et en cas qu'il y ait lieu de des-
charger lesdits Officiers sur les roolles des années precedentes, nommeront d'Office au mesme temps nombre
suffisant des plus Puissans de la Parroisse, pour Asséeurs
& Collecteurs : mesme ordonne sa Majesté ausdits Officiers, en cas qu'ils ayent cognoissance que les Collecteurs nommez & esleus par les habitans d'aucunes Parroisses, soient gens de neant & insoluables, d'en nommer
aussi d'Office des plus riches & Puissans, ce qu'ils co-
gnoistront sur les roolles lors qu'ils les verifieront ; & lesquels habitans qui se trouueront ainsi nommez par lesdits Officiers, demeureront Collecteurs, nonobstant
oppositions ou appellations quelconques, leur enjoignant d'en faire la charge ; & seront contr'eux les contraintes décernées des sommes deuës apres les termes es-
cheus.

X.

Les deniers contenus esdites Commissions, tant pour la Subsistance dudit prochain quartier d'Hyuer, que des Tailles & Creuës y iointes, & autres, seront payables aux termes cy-dessus portez par lesdites Commissions, & receües par vn seul Receueur ou Commis, pour esuiter à diuersité de contraintes & executions, & aux grands frais & exactions causez par la multiplicité des Receueurs, contraintes & executions, dont par ce moyen les contribuables demeureront soulagez : Et ne pourront estre admis esdites receptes les Receueurs des Tailles, s'ils n'ont rendu compte du maniement de leurs charges des années 1635. 1636. 1637. 1638. & 1639. és Chambres des Comptes où ils doiuent compter, & verifié les estats de leurs receptes des années 1640. & 1641. pardeuant les Tresoriers de France : Et qu'en faisant apparoir audit Intendant de Iustice & Tresorier de France, des doubles de leurs comptes & estats, ensemble en leur fournissant les estats des restes qui sont deubs à leurs receptes par les Parroisses desdites années, [redacted] deüement signez & certiffiez, à peine du quatruple : ce qu'ils seront tenus faire dans le 15. Octobre prochain : Et à faute de ce, mesme au cas que lesdits Intendans & Tresorier de France estans és Eslectiōs, trouuent lesdits Receueurs en reste de leur maniment, ou n'exerçant leurs charges suiuant les Ordonnances ; Ordonne sa Majesté ausdits Intendant & Tresoriers de France chacun en droict soy, de commettre & establir

en chacune desdites Elections vn Commis , bon & sol-
uable , pour la recepte & maniment desdits deniers , &
de leur faire mettre és mains les assiettes & departe-
mens, ensemble les estats & roolles des Priuilegiez taxez
separément, pour sur iceux faire la Recepte des deniers y
contenus , ausquels Commis sera pourueu de taxations
raisonnables: Et à cét effet lesdits Intendans enuoyerót
és mains des Intendans & Controlleurs generaux des
Finances leurs procez verbaux, contenans l'establissemét
desdits Commis ; faisant tres-expresses deffenses à toutes
personnes de troubler & empescher les Receueurs ou
Commis qui auront esté admis & establis par lesdits Intendans & Tresoriers de France à la recepte desdits deniers, à peine de punition exemplaire. Et quand aux Receueurs du Taillon qui se trouueront auoir compté de
l'exercice de leurs charges, soit à la Chábre ou par estar,
pardeuant les Tresoriers de Fráce des années 1635. 1636.
1637. 1638. & 1639. & qui en fourniront les doubles
dans ledit jour quinziéme Octobre prochain , auec les
estats des restes qui leur sont deubs des années 1648.
1641. aux Intendans des Prouinces , feront & exerce-
ront leurs charges l'année prochaine 1643. Et receuront
des Collecteurs des Parroisses les deniers dudit Taillon,
à la charge qu'ils ne déliureront aucunes cótraintes contre les contribuables, qu'au mesme temps & concurremment auec les Receueurs des Tailles , ou Commis
à la recepte d'icelle ladite année: Et au mesme Huissier
ou Sergent auquel ledit Receueur ou Commis déliuréra

D

les fiennes contre les mefmes Parroiffes qui feront comprifes en celles du Taillon, afin que ledit Huiffier ou Sergent execute, ou face les commandements à mefme
temps, & par vn mefme exploict efdites Parroiffes ; Et
qu'il ne puiffe pretédre qu'vn fallaire pour les deux contraintes, fuiuant la taxe qui en fera faite par lefdits Intendans ou Officiers nommez pour l'affiette & impofition defdits deniers des Tailles & autres ; faifant tres-expreffes deffenfes aufdits Receueurs du Taillon d'en vfer
autrement, à peine de priuation de leurs charges; aufdits
Huiffiers d'y contreuenir, ny d'exiger autres fallaires
que ceux qui leur feront taxez par lefdits Officiers, à
peine de punition exemplaire : Lefquels fallaires feront
entierement payez fuiuant lefdites taxes par les Receueurs des Tailles ou Commis à la recepte d'icelles, ainfi
qu'il eft dit cy-apres.

XI.

Les Receueurs ou Commis qui feront eftablis comme deffus en chacune Eflection pour receuoir tous lefdits deniers qui feront impofez, apres en auoir fait le
recouurement des contribuables en chacun quartier ef-
cheu, les porteront & voictureront ; fçauoir ce qui reuiendra à fa Majefté pour la Subfiftance, Tailles &
Creües y jointes, és mains des Receueurs generaux des
Finances de chacune Generalité en exercice: ce qui reuiendra pour les Ponts & Chauffées, és mains des Treforiers Prouinciaux defdits Ponts & Chauffées defdites
Generalitez ; & ce qui reuiendra du Taillon & folde des

Preuofts des Marefchaux, lefdits Receueurs ou Commis
les remettront & payeront és mains des Receueurs generaux du Taillon, ainfi qu'ils ont accouftumé, & fuiuát
les eftats de fa Majefté & des Treforiers de France; Lefquels payemens feront faits par lefdits Receueurs ou
Commis aufdits Receueurs generaux des Finances, Treforiers Prouinciaux des Póts & Chauffées, & Receueurs
generaux du Taillon, concurremment & au fol la liure,
des parties qui doiuent eftre payées à chacun d'eux, fuiuant les eftats particuliers qui en feront expediez par les
Treforiers de France, fur les eftats generaux des finances
de fa Majefté.

XII.

E T affin que les contribuables ne fe trouuent fur-
chargez & oppreffez par les Receueurs des Tailles & du
Taillon qui fe trouueront deftituez de leur exercice
& maniement ladite année prochaine, lefquels en
haïne de ce pourroient vexer & trauailler par rigou-
reufes executions les Habitans des Parroiffes qui doiuent des reftes des années de leur exercice; Veut & ordonne fa Majefté qu'au mefme inftant que lefdits Intendans auront nommé & Commis pour la Recepte
de ladite année prochaine, que lefdits Receueurs demeu-
rent auffi deftituez & interdits du recouurement defdits reftes, & qu'ils remettent és mains de celuy qui
aura efté Commis en leur lieu, leurs Regiftres & eftats
de leurs reftes, pour en eftre par luy fait le recouurement, & les deniers payez fuiuant les eftats de fa Ma-

jesté : Fait sa Majesté deffenses ausdits Receueurs de
s'immisser esdites Receptes, & de donner aucun empeschement ausdits Commis establis, à peine de la perte
de leurs Offices : Et quant aux autres desdits Receueurs
des Tailles & Taillon qui ont exercé les autres années
depuis 1635. 1636. 1637. 1638. & 1639. qui se trouueront
n'auoir compté és Chambres des Comptes, & veriffié
les estats de leurs Receptes aux Bureaux des Finances des
années 1640. & 1641. & n'auront fourny ausdits Intendans les estats des restes deubs par les Parroisses à leurs
Receptes desdites années & de la presente ; Sa Majesté
leur enjoint d'y satisfaire dans vn mois, du jour de la pu-
blication du present Arrest, aux Bureaux des Tresoriers
de France pour tous delais : Autrement & à faute de ce
faire ; Veut & ordonne sa Majesté qu'ils soient & de-
meurent aussi interdits de l'exercice de leurs charges ;
& que ledit mois passé lesdits Intendans commettent
pour la Recepte desdits restes desdites années precedentes & la presente, lesdits Commis qui seront par eux
establis pour la Recepte des deniers de l'année prochaine, & quartier d'Hyuer prochain ; Et leur feront mettre
és mains par les Officiers des Eslections, coppies collationnées des départemens desdites années, auec les Re-
gistres desdits Receueurs, pour cognoistre ce qui a esté
par eux receu desdites années : A quoy faire lesdits Officiers, & lesdits Receueurs seront contraints par corps
en vertu des Ordonnances desdits Intendant & Tresorier de France , députez en chacune Eslection pour
l'Imposi-

l'Impoſition deſdites Subſiſtances dudit quartier d'Hyuer, & des Tailles l'année prochaine; Leſquelles Ordonnances ſeront executées nonobſtant oppoſitions ou appellations quelconques : Et ſi aucunes interuiennent
pour ce regard, ſa Majeſté s'en eſt reſeruée à ſoy & à ſon
Conſeil la cognoiſſance, & icelle interdite à toutes ſes
autres Cours & Iuges.

XIII.

LE s contraintes deſdits Receueurs & Commis ſeront par eux decernées & paraphées du Controlleur, ou
de l'vn des Officiers de l'Eſlection, nommez & Commis par leſdits Intendans, & executez par les Huiſſiers
& Sergens qui ſeront nommez & choiſis par leſdits
Commis, & par eux départis és Parroiſſes des Eſlectiós,
ſans qu'ils puiſſent employer & donner la contrainte
d'vne meſme Parroiſſe qu'à vn ſeul Huiſſier ou Sergét;
& que ledit Huiſſier ou Sergent ſe puiſſe faire aſſiſter
que d'vn records, ou deux au plus ; feront & dreſſeront
leurs procez verbaux d'executions & contraintes, ſans
qu'ils puiſſent prendre ny exiger aucune choſe des Collecteurs & Habitans des Parroiſſes pour leurs ſallaires,
à peine de punition corporelle : Et feront leurs journées,
ſallaires & vaccations taxez ſans frais au retour de leurs
courſes, par les Officiers des Eſlections nommez par
leſdits Intendans, à raiſon de ce qu'ils trouueront raiſon-
nable par chacun jour qu'ils auront vacqué, à compter du jour de leur départ juſques à leur retour ; Ce
qui ſera juſtiffié par leurs procez verbaux : Deſquelles

E

raxés feront déliurées Ordonnances fur les Receueurs
ou Commis qui les auront employez, lefquels feront
tenus les acquitter, pour s'en rembourfer fur les Colle-
&teurs ou Habitans des Parroiffes comprifes efdits procez verbaux, fur lefquelles le Regallement & départemens des fommes contenües efdites Ordonnances fera
fait ; Et en fera au mefme temps l'eftat déliuré aufdits
Receueurs ou Commis, pour ledit rembourfement
eftre pris par lefdits Receueurs ou Commis, des premiers deniers qui leur feront apportez par les Colle-
&teurs, aufquels ils en donneront quittances : Et retireront pareillement quittances defdits Huiffiers, des fommes qui leur auront efté ainfi taxées, pour en eftre par
eux fait Recepte & dépenfe en leurs eftats & comptes.
Veut & entend fa Majefté, qu'en cas de rebellion, les
Huiffiers enuoyez pour le recouurement defdits deniers, dreffent leurs procez verbaux, lefquels feront apportez aux fufdits Officiers, pour iceux veus eftre remis
aux Preuofts des Marefchaux, ou Lieutenans Criminels
de Robbe-courte, Exempts ou Archers, aufquels fa Majefté enjoint de fe tranfporter en nombre fuffifant, &
en toute diligéce és Parroiffes rebelles, & les faire obeyr,
informer de la rebellion, & en remettre leurs procez verbaux & informations és mains defdits Officiers, fur lefquels le procez fera par eux fait aux coulpables des re-
bellions, & jugé les formes portées par les Ordonnances,
gardées & obferuées : Et en cas d'appel, ferót les appellations releuées és Cours des Aydes : Faifant tres-expreffes

deffenfes aufdits Preuofts des Marefchaux, Lieutenans & Archers, de prendre ny exiger aucune chofe defdites Parroiffes & Habitans d'icelles, à peine de reftitution, & de concuffion. Voulant fa Majefté qu'il leur foit fait taxe raifonnable par lefdits Officiers de l'Eflection, & icelles payées par les Receueurs ou Commis, qui les auront employées en la mefme forme qu'il a efté cy-deffus ordonné pour les fallaires des Huiffiers, dont ils feront rembourfez fur les premiers deniers qui feront leuez efdites Parroiffes rebelles ; & à la charge auffi d'en faire Recepte & defpence en leurs eftats & comptes.

XIV.

LEs Regiftres defquels Receueurs ou Commis feront faits doubles en chacune Eflectió, & tous les feüillets cottez & paraphez par le plus ancien des trois Efleus qui auront trauaillé aufdits départemens ; l'vn defquels Regiftres fera pour lefdits Receueurs ou Commis ; & l'autre mis és mains du Controlleur de l'Eflection en exercice, ou de celuy des Officiers d'icelle, qui fera eftably & nommé par ledit Intendát & Treforier de France, pour faire ledit Controlle : Enjoignant à cét effet fa Majefté aufdits Receueurs ou Commis, d'efcrire leur Recepte fur ledit Regiftre, pour toutes les natures de deniers qu'ils auront à receuoir, au fur & à mefure que les payemens leur en feront faits, fans aucune obmiffion ny diuertiffement, à peine de punition exemplaire : Laquelle Recepte fera auffi à l'inftant Cótrollée & enregiftrée par ledit Controlleur en exercice, ou autre à ce Com-

mis, comme il est cy-dessus, sur le Registre qu'il aura
pardeuers luy; Mesmes Controllera ledit Controlleur
tous les Recepissez & Quittances qui seront déliurées
par lesdits Receueurs ou Commis, aux Asséeurs Collecteurs, ou autres Habitans des Villes & Parroisses des
Ellections, à cause du payement qu'ils leur feront des
deniers contenus és Commissions de sa Majesté : Et affin que cét ordre soit obserué, & que ledit Controlle
soit exactement fait; Ordonne sadite Majesté ausdits
Controlleurs de se rendre assidus, & d'estre presens au
Bureau de la Recepte, affin de Controller les Quittances ou Recepissez desdits Receueurs ou Commis: Et
pour donner moyen ausdits Controlleurs de vacquer
audit Controlle auec plus d'assiduité; Sadite Majesté
ordonne qu'au lieu de deux sols pour le Controlle de
chacune Quittance ou Recepissé a eux accordez par ledit Reglement du 27. Nouembre 1641. il leur sera payé
pour toutes taxations; sçauoir à ceux des Ellections,
composées de trois cens Parroisses & au dessus, huit
cens liures; en celles de deux cens jusques à trois cens
Parroisses, six cens liures; aux Ellections de cent jusques à deux cens Parroisses, trois cens liures; & en celles
de cent Parroisses & au dessous, deux cens liures : Le
fonds desquelles taxations leur sera payé de quartier en
quartier par lesdits Receueurs ou Commis, suiuant les
Ordonnances. Et s'il suruiét ausdits Controlleurs quelque empeschement legitime, soit par maladie ou autrement, qui les diuertisse d'aller pour quelque temps au

Bureau

Bureau de la Recepte pour exercer ledit Controlle; En ce cas sa Majesté leur permet pendant leur absence ou maladie, de subroger en leur lieu telles personnes capables qu'ils aduiseront pour continüer ledit Controlle, & tenir ledit Registre: Enjoignant ausdits Receueurs ou Commis, de donner lieu & place conuenable audit Controlleur dans leurs Bureaux, pour exercer ledit Controlle.

X V.

F A I T en outre sa Majesté tres-expresses deffenses à tous Gentils-hommes & Seigneurs des Parroisses, Ecclesiastiques & autres, de donner aucun empeschement dans leurs Parroisses & ailleurs, à la leuée desdits deniers, ny d'empescher leurs Fermiers de payer leurs taxes & cottes, à peine d'en respondre, d'estre declarez roturiers, & de payer en leurs propres & priuez noms les Tailles & autres Impositions desdites Parroisses, pour lesquelles leurs biens & heritages seront saisis; O R D O N N E sa Majesté ausdits Intendans d'en informer exactement, faire & parfaire le procez à ceux qui se trouueront coulpables desdits empeschemens, & appellé auec eux le nombre de graduez porté par les Ordonnances, les juger souuerainement & en dernier ressort, leur en attribuant à cette fin toute Cour, Iurisdiction & cognoissance.

X V I.

C O M M E aussi ordonne sa Majesté ausdits Intendans de Iustice en chacune Generalité, d'informer des

exactions, abus & maluersations commises contre les
contribuables, pour raison des Impositions, leuées &
recouurement des deniers des Tailles & Subsistances,
par les Officiers, Receueurs, Commis & autres : Per-
mettant & donnant sa Majesté pouuoir ausdits Intendans de subdeleguer és lieux où ils ne pourront vacquer, pour lesdites informations faites estre par eux
enuoyées au Conseil, & icelles veües estre ordonné ce
que de raison.

XVII.

ET sur ce que plusieurs des Officiers Commençaux
de sa Majesté & de ses Armées, lesquels suiuant la De-
claration du mois de Nouembre 1640. doiuent contribuer ausdites Impositions, ont esté les années 1641. &
la presente, taxez par les Commissaires députez pour
l'Imposition, ou par les Asséeurs de la Parroisse ; Et sur
les certifficats du seruice actuel qu'ils ont rendu prés de
sa Majesté en son dernier voyage de Roussillon, ont ob-
tenu des descharges, & que le rejet ou réimposition de
leurs taux est grandement à charge, & cause de grands
frais aux Parroisses où lesdits rejets sont ordonnez : SA
MAJESTE' ORDONNE que tous lesdits Com-
mençaux & Officiers qui doiuent contribuer esdites
Impositions, suiuant ledit Edict du mois de Nouembre
1640. seront taxez & cottisez pour ledit quartier d'Hy-
ver prochain, és Tailles de l'année prochaine 1643. par
lesdits Commissaires ou Asséeurs, comme il est dit cy-
dessus, sans qu'ils puissent estre deschargez pour quelque

cause & occasion que ce soit, s'ils tiennent Fermes, Hostelleries, ou faffent commerce & traffic : Et si aucuns defdits Officiers pour quelque confideration, ou autrement par fa Majefté eft defchargé dans le courant, ou à la fin de l'année, ils ne pourront repetter ny faire aucunes pourfuittes contre les Collecteurs ou Receueurs qui auront receu ce qu'ils fe trouueront auoir payé fur leurs cottes : Et en fera l'impofition faite l'année fuiuante fur les Parroiffes, à la defcharge defquels ils auront payé, & les deniers à eux payez à mefure que la leuée en fera faite, concurremment auec les deniers des Tailles defdites Parroiffes de ladite année fuiuante.

XVIII.

COMME auffi plufieurs des principaux & Puiffans des Parroiffes 's'eftans trouuez taxez à des fommes plus fortes que celles qu'ils auoient accouftumé porter, quoy que trop foibles, eu efgard à leurs facultez, obtiennent par leur credit & authorité des confentemens ou procurations des Habitans pour confentir leur décharge: SA MAJESTE' fait tres-expreffes deffences aufdits Intendans, Treforier de France, Officiers des Electiós, & à fes Cours des Aydes, d'auoir aucun égard aufdits confentemens & procurations, & de n'accorder aucunes décharges que fur vne information fommaire, faite des biens & facultez de l'oppofant, par l'vn des Officiers employez efdites Impofitions, ou fubdeleguez defdits Intendans de Iuftice: VEVT ET ORDONNE fa Majefté, que d'orefnauant tous ceux defdits cottifez

& taxez, ſoit par les Commiſſaires ou Aſſeurs qui ſe
rendront oppoſans, ne puiſſent faire appeller ny prendre à partie les Scindicqs & Habitans deſdites Parroiſſes en
Corps; mais ſuiuant l'ancien vſage, ſera l'oppoſant aſſigner & prendre à partie ceux des Habitans de la Parroiſſe qu'il pretendra eſtre trop peu cottiſez à ſon eſgard, pour voir dire qu'ils ſeront augmentez, & luy diminuë; le tout ſans préjudice ny retardation du payement de leurs cottes.

XIX.

Et affin que les Habitans contribuables des Generalitez de Soiſſons, Amiens & Chaalons, ne ſoient
ſurchargez, & puiſſent porter ce qui leur ſera ordonné
par leſdits Commiſſaires, pour leur part deſdites Impoſitions; Sa Majeſté fait tres-expreſſes deffenſes aux Gouuerneurs des Places deſdites Generalitez, & autres, de
leuer ſur aucunes Parroiſſes deſdites Generalitez par
contribution, ſoit pour leurs appoinctemens, ou de
leurs Cópagnies, de leurs Subſiſtances, ou ſous quelqu'autre pretexte que ce ſoit, aucuns deniers de leur
Ordonnance, ou autrement, ſinon en vertu de Lettres
Patentes de ſa Majeſté, ſéellées du grand ſéau, & Controllées, à peine de priuation de leurs Charges.

XX.

Et ſeront le preſent Arreſt & Reglement, enſemble celuy du 27. Nouembre dernier, & autres donnez
en conſequence executez: Enjoignant ſa Majeſté aux
Treſoriers de France, & tous autres ſes Officiers d'y
tenir

tenir la main, & n'y contreuenir, à peine de suspension de leurs Charges, & de le faire publier en leurs Bureaux, & enuoyer és Elections, & par tout ailleurs où il appartiendra.

FAIT au Conseil d'Estat du Roy, sa Majesté y estant, tenu à Chantilly le vingt-deuxiéme jour d'Aoust, mil six cens quarante-deux.

Signé,   SVBLET.

LOVYS par la grace de Dieu, Roy de France & de Nauarre ; A nos amez & feaux Conseillers en nostre Conseil d'Estat, les Sieurs Intendans de Iustice, Police & Finances en nos Prouinces: A nos aussi amez & feaux Conseillers, les Presidens Tresoriers de France, & generaux de nos Finances des Generalitez, & tous autres nos Officiers qu'il appartiendra ; Salut: Nous vous enuoyons l'Arrest & Reglement de nostre Conseil de ce jourd'huy, cy-attaché sous le contre-séel de nostre Chancellerie, concernant l'Imposition & leuée des deniers de la Subsistance des Troupes pendant le prochain quartier d'Hyuer, & des Tailles, Taillon, & Creuës y jointes de l'année prochaine 1643. Et vous mandons & ordonnons à chacun de vous endroit soy, de le faire executer, garder & entretenir; ensemble celuy du 27. Nouembre dernier y énoncé, & autres donnez en consequence ;

G

iceluy faire publier aux Bureaux de nos Finances, &
l'enuoyer esdites Eslections, & par tout ailleurs où
besoin sera à cét effet. MANDONS en outre &
commandons au premier nostre Huissier ou Sergent
sur ce requis, de faire pour l'execution desdits Arrest & Reglement, & des presentes, & de ce que vous
ordonnerez à ceste fin, toutes significations, com-
mandemens, sommations, deffences, & autres actes
& exploicts necessaires, sans demander autre per-
mission, nonobstant Clameur de Haro, Chartre Nor-
mande, prise à partie, & choses à ce contraires : Et
sera adjousté foy comme aux Originaux aux copies
dudit Arrest & des presentes, collationnées par l'vn
de nos amez & feaux Conseillers & Secretaires : Car
tel est nostre plaisir. Donné à Chantilly le vingt-
deuxiéme jour d'Aoust, l'an de grace mil six cens
quarante-deux. Et de nostre regne le trente-troi-
siéme.

Signé,   L O V Y S.

Et plus bas,   Par le Roy,

                           S V B L E T.

Collationné aux Orignaux par moy Conseiller,
Secretaire du Roy & de ses Finances.